Ansgar Kraiker / Rolf Kutschera

Der Alternativ-Chauvi

Moderner Leitfaden für
aktive Herzensbrecher

Eichborn Verlag

DER AUTOR

Ansgar Kraiker, 1954 in Frankfurt geboren, studierte Ethnologie, Soziologie, Philosophie, betrieb ein Jahr lang Feldforschung in einem Umsiedlungsprojekt der Quechua-Indianer im Osten Boliviens. Seit 1974 Schauspieler, Regisseur und zuletzt Leiter des Kellertheaters Frankfurt.
Autor verschiedener Theaterstücke und Reisereportagen. Finanzierte sich sein Dasein durch diverse Jobs wie: Lagerfahrer, Kameramannassistent, Unternehmensberater, Reiseleiter, Filmschauspieler, Interviewer, Lektor und Taxifahrer.

DER ZEICHNER

Rolf Kutschera, 1949 in Stuttgart geboren, seit 1975 freier Cartoonist, Trickfilmzeichner, Mitarbeiter bei NDR und Südfunk. 1978–1980 Lehrauftrag an der Staatlichen Akademie für bildende Künste in Stuttgart. Illustrierte im Eichborn Verlag die Bücher (von Uta Claus geschrieben): »Total tote Hose«, »Bockstarke Klassiker«, »Total krasse Helden«.

CIP-Kurztitelaufnahme der Deutschen Bibliothek

Kraiker, Ansgar:
Der Alternativ-Chauvi : moderner Leitf. für aktive Herzensbrecher / Ansgar Kraiker; Rolf Kutschera.
— Frankfurt am Main : Eichborn, 1987.
  ISBN 3-8218-1834-4
NE: Kutschera, Rolf:

1. Auflage, März 1987
2. Auflage, August 1987
3. Auflage, Januar 1988

© Vito von Eichborn GmbH & Co Verlag KG, Frankfurt am Main, März 1987.
Cover: Rolf Kutschera. Gesamtherstellung: Fuldaer Verlagsanstalt GmbH.
ISBN 3-8218-1834-4.
Verlagsverzeichnis schickt gern: Eichborn Verlag, D-6000 Frankfurt 70

Inhalt

Vorwort

Lieber Leser!

Leider muß ich dich in deiner fröhlichen
Erwartungshaltung kurz stören und dich bitten, zu
überprüfen, ob du für die Lektüre dieses Buches
auch geeignet bist. Womit ich keinesfalls deinen
IQ in Frage stellen will. Aber nicht jeder, der auf
einem Tarzan-Heftchen schläft, ist auch einer.
Selbstverständlich liegt es mir fern, dich zu
beleidigen. Ich möchte dir nur die Mühe
ersparen, dieses streng wissenschaftliche Werk
zu lesen, falls der alternative Chauvinismus doch
nicht die optimale Lebensphilosophie für dich sein
sollte. Man muß zwar nicht unbedingt
praktizierender Chauvi sein, aber auch für den
potentiellen Chauvinismus bedarf es einiger
physischer und psychischer
Grundvoraussetzungen. Dies vorab zu klären,
erleichtert ein kleiner Test. Die gewissenhafte
Beantwortung der folgenden Fragen liegt daher in
deinem eigenen Interesse.

A. Äußere Erscheinung

1. Du siehst nicht gut genug aus, um die Frau deiner Träume aufzureißen?

2. Du bist nicht häßlich genug, um nicht weiter von ihr zu träumen?
(Was eine Traumfrau ist, wird später definiert – meistens ein bürgerliches Abziehbild der Yellow-Press-Schönheiten).

3. Du bist nicht schön genug, um die Top-Frauen, welche dich kurzfristig als Trostpflaster oder Übergang benutzen, länger zu halten?

4. Du siehst gut genug aus, um dir zum Trost und als Übergang diverse Non-Top-Frauen aufzureißen?

5. Du siehst nicht total häßlich aus? (chancenlos)

6. Du siehst gerade so häßlich aus, daß die Frauen mit den schlechten Erfahrungen glauben, du hättest nicht so viel Erfolg bei den Damen und wärst von daher nicht einer von diesen üblen Aufreißern?

7. Du bist aber nicht so häßlich, daß die Frauen mit den »schlechten Erfahrungen« auf der Suche nach »guten« dich nicht irgendwie interessant finden könnten?

B. Inneres Wesen

1. Du bist unreif genug, dir vorzumachen, daß es diesmal klappen könnte, weil du glaubst, reifer geworden zu sein. (In Wahrheit hast du nur mal wieder Entzugserscheinungen.)

2. Du bist clever genug, deinem Opfer vorzumachen, daß es mit ihr klappen könnte, indem du vorgibst, dazugelernt zu haben, und *sie* so anders sei als die anderen.

3. Du bist völlig beziehungsunfähig, weil:

   a) du ein totaler Egoist bist?

   b) du nur deine Traumfrau lieben kannst (eben jenes Bild von der Yellow-Press, was du aber nicht zugeben kannst)?

c) du immer noch genügend Erfolgs-
erlebnisse hast, um weiter von ihr zu
träumen?

d) du, obwohl nicht gut aussehend, nicht
bereit bist, dich mit dem abzufinden,
was für dich real erreichbar ist?

e) du alt genug bist, um zu wissen, daß
dein Lebensglück nicht von einer festen Beziehung abhängt?

f) du noch nicht soo alt bist, um dich zu
arrangieren?

g) du trotz aller Bedürfnisse nach Zärtlichkeit und Bestätigung nicht gewillt
bist, auf Dauer die nörgelnde Unzu-
friedenheit deines Opfers zu ertragen, die daher rührt, daß du nicht ihr
Traummann bist?

h) du es vor allem nicht schaffst, dich in
diese einzigartige, grandiose Ver-
liebtheit hineinzusteigern, was dir mit
15 Jahren mühelos gelang, als deine
Seele an der unerfüllten Liebe zur
Nachbarstochter zerbrach? (der Riß
ist seitdem nicht mehr gekittet
worden.)

i) du dich so an die Übergangssituation gewöhnt hast, daß du gar nicht mehr fähig und willens bist, dich ernsthaft mit der Persönlichkeit deines Opfers auseinanderzusetzen?

4. Du hast dir trotz allen Versagens-Frustes jenen gewissen zynischen Charme erhalten, den die Damen so faszinierend finden und sie hoffen läßt, dich ändern zu können.

Wenn du die Mehrzahl der Fragen mit »Ja« beantwortet hast, gehörst du zu den 90% potentiellen Chauvinisten der alternativen Generation und kannst dich nun getrost dem weiteren Studium widmen.
Nicht jedem ist es vorbehalten, ein Herzensverbieger zu sein, was nicht heißen soll, daß der Chauvinismus eine Berufung ist. Im Gegenteil.
Man ist vielmehr dazu verdammt – wie ich noch später darlegen werde.
Aber ob man unter diesem Zwang leidet oder ihn erträglich und sogar genießbar macht, ist eine Frage des Könnens und der Erfahrung. Um diese zu erweitern und die Frauen vor grobem Dilettantismus zu schützen, war dieses Standardwerk zu schreiben nicht nur mein inneres Bedürfnis, sondern auch eine gesellschaftliche Notwendigkeit.

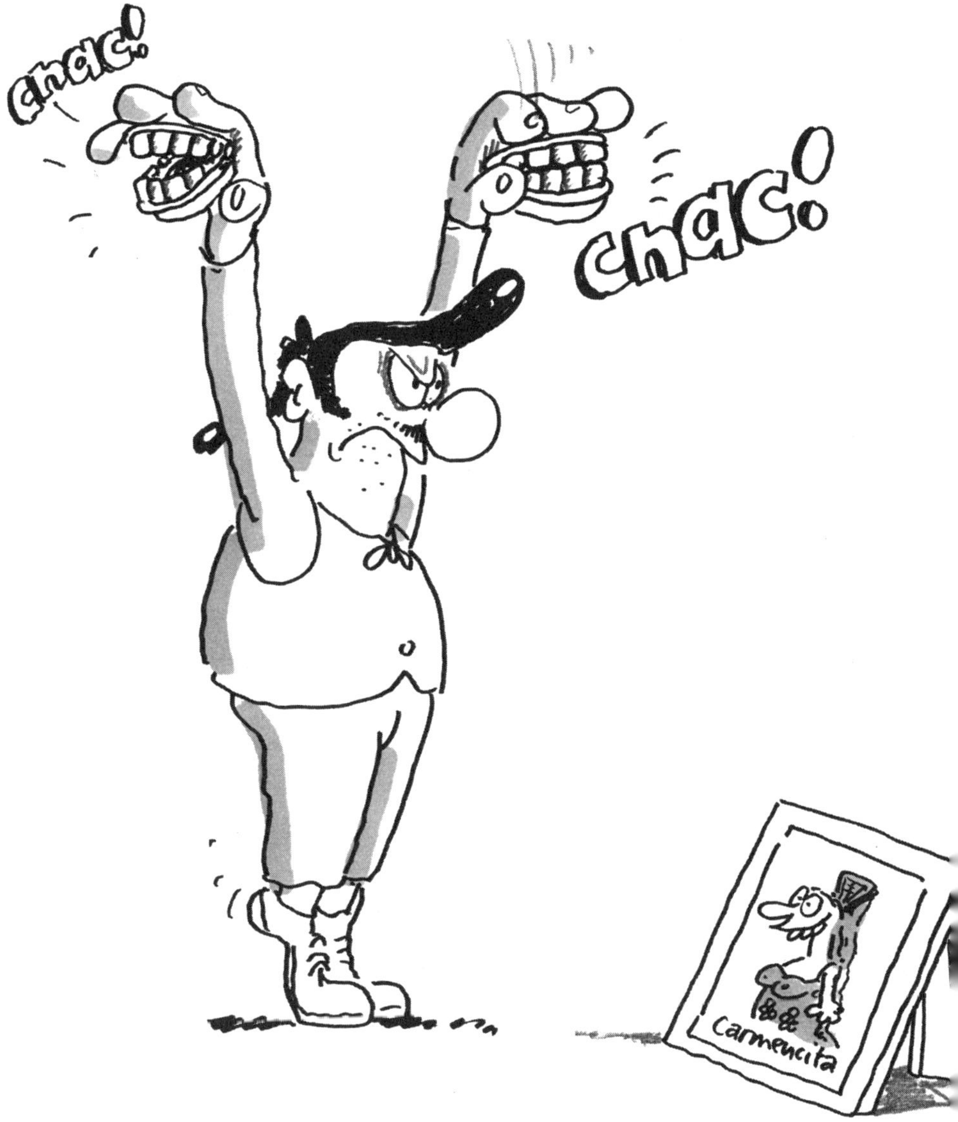
Chac!
Chac!
Carmencita

Warum Chauvinismus?

Die Zeit der »Softies«, welche die Flucht nach vorne antraten, um ja nicht den Kontakt zum Rockzipfel zu verlieren, ist passé.

Spätestens der Erfolg solcher Filme wie Sauràs »Carmen« hat uns gezeigt, was die Stunde geschlagen hat.

Die Frauen sind ihrer überdrüssig geworden: der kopflastigen Männer, die sich in weinerlicher Selbstkritik über die 2000 Jahre Unterdrückung der Frau wälzen. Spontanität ist wieder angesagt! Bedingungslose Liebe und Eifersucht – ohne dieses jede Erotik zerstörende »Hinterfragen«. Man will nicht mehr verstanden werden. Man will geliebt werden!

Es gilt wieder das alte Spiel des Kampfes, des Eroberns und des Sich-erobern-lassens.

Aber es gibt immer noch genügend Blindgänger unter uns. Jene notorischen Softies, die vorzugsweise die Rolle des verständnisvollen Freundes für ihre Angebetete spielen, die nur dann zu ihm kommt, wenn sie der Macker, auf den sie so abfährt, wieder mal gekränkt hat.

Klassisches Beispiel:

Sie: »Dieser Scheißtyp! Was bildet der sich überhaupt ein?! Der macht mich total fertig!«

15

Softie: »Warum liebst du denn den Typ, wenn er so ein Arschloch ist? Du bist doch eine intelligente, emanzipierte Frau!«

Sie: »Das sind halt meine inneren Widersprüche, mit denen muß ich leben!«

Jungs, ich sage euch: Ihr wartet vergeblich auf eure Chance! Wenn sie endlich von dem Macker abläßt (nicht etwa, weil ihr ein Licht über den miesen Typ aufgegangen wäre, sondern weil der sie verlassen hat), braucht sie euch zwar als Trost und als Bestätigung dafür, daß die meisten Männer Arschlöcher sind (»Ach wären doch alle so wie du!«). Aber leider kann sie dich nicht lieben. Wegen ihrer inneren Widersprüche. Und in Kürze klebt sie wieder an so einem Chauvi, der sie nach Strich und Faden ausnutzt. Also laßt ab von dem Glauben, daß eure anstrengende Rolle als Softie irgendwann mal honoriert wird, es sei denn, es genügt euch, als netter Junge angesehen zu werden – und nichts weiter. euch fehlt das gewisse Etwas. Ihr seid lieb, aber fleischlos.

Außerdem kommt es früher oder später sowieso heraus, daß euer ewiges Ja-sagen und euer penetrantes Verständnis nur dazu dienen soll, sie endlich ins Bett zu bringen. Und gibt es etwas Abstoßenderes als einen entlarvten Softie?! »Pfui Deibel – und dem hatte ich vertraut!«

Aber auch wenn ihr nicht durchschaut werdet, wartet ihr vergebens. Ihr seid zu schwammig, zu profillos. Da gibt es nichts zu erobern, nichts zu erforschen. Mit euch zu schlafen, bringt nicht die Lust der Bestätigung oder den erotischen Schauer des Geheimnisvollen. Mit euch zu vögeln ist allenfalls ein caritativer Akt.

Wie anders doch, wenn ihr euch zu eurem Mackertum offen bekennt. Nur charmant und stilvoll muß es sein – oder zumindest humorvoll. Dann seid ihr zwar »alte Chauvis«, aber irgendwie süß –, und keinesfalls kann man euch böse sein.

Gibt es einen größeren Erfolg für eine Frau, als wenn der »coole Stolze« bei *ihr* so ganz anders ist: weich, verletzbar, einfühlsam?! Der Reiz der Erotik liegt nun mal zum großen Teil in der Möglichkeit, sein Selbstwertgefühl zu erhöhen. Ob das schon von jeher so war oder ein Resultat unserer heutigen Gesellschaft ist, will ich hier mal offenlassen.

Dann haben wir noch jene Versager, welche aus Angst vor dem Alleinsein bei ihren ungeliebten Partnern ausharren. Reiner masochistischer Irrsinn! Als hätte man je von einer andauernden Befriedigung gehört.

Aber gibt es etwas Berauschenderes als das Gefühl einer taufrischen Liebe? Nur das stetige Erneuern dieses Phänomens macht die wahre Freude an der Liebe aus.

Also: Weg vom reizlosen Softie, dem der Mißerfolg beim anderen Geschlecht aus allen Knopflöchern schielt! Die Frauen von heute haben die depressiven Bewußtseins-Bonzen satt. Frust haben sie selber genug. Sie sehnen sich nach einem lebensfrohen Genießer, bei dem sie sich entspannen können und der ihnen wenigstens zeitweise das Lebensglück zurückgibt:

dem alternativen Chauvinisten!

Dieses Handbuch wird euch dabei helfen, charmante und vor allem erfolgreiche Chauvis zu werden, ohne in den Geruch zu kommen, ausschließlich geile Böcke zu sein.

Wodurch unterscheidet sich der alternative Chauvinist vom herkömmlichen?

Diese Frage ist leicht zu beantworten: überhaupt nicht – zumindest, was die eigentliche Motivation angeht. Was sich allerdings stark verändert hat, sind die Rahmenbedingungen. Die Ursachen des Chauvinismus habe ich eingangs ja schon indirekt im Fragebogen dargelegt: die Unfähigkeit, seine Träume den realen Möglichkeiten anzupassen (was am Ende gar bedeuten würde, die bürgerlichen Kompromisse der Eltern zu akzeptieren – Igittigitt).

Also braucht man permanent Ersatzbefriedigungen in Form von Projektionen, welche so lange anhalten, bis der Selbstbetrug von der realen Persönlichkeit des Objekts eingeholt wird. Das heißt: Da du jedesmal nach einer gewissen Zeit feststellst, daß die einstmals Angebetete ein ebenso nichtssagendes Mittelmaß ist wie du selbst, bist du gezwungen, laufend neue Weiber aufzureißen. Das hat sich beim alternativen Chauvinisten nicht verändert. Geändert haben sich die Opfer, die Frauen. Nein, nein, keine Sorge! Nicht in ihrem eigentlichen Wesen. Auch heutzutage erwartet die Frau von ihrem Typ die gleichen Dinge:
1. Er muß ihr das Gefühl geben, für ihn die Nr. 1 auf Erden zu sein.

19

— vorher — — nacher —

2. Er muß ihr die Gewißheit geben, als Frau begehrenswert zu sein.
3. Er muß ihr das Gefühl geben, trotzdem als Person ernstgenommen zu werden.

Also alles wie gehabt? – Nicht ganz: Die Damen sind heutzutage emanzipiert, gebildet, aufgeklärt und vor allem erfahrener.

Sie möchten zwar nach wie vor angelogen werden, doch sie sind anspruchsvoller geworden. Sie möchten die Lügen charmant und stilvoll präsentiert bekommen, so daß ihr erweitertes Bewußtsein es zuläßt, sie zu glauben.

Dabei genügt es nicht allein, die alten Plumpheiten in ein modernes Sprachgewand zu hüllen:

Der Spruch: »Du bist die tollste Frau, die ich kenne«, mag, lustig gesagt, gerade noch durchgehen, aber mit: »Du bist echt stark, ey«, lassen sich allenfalls 14jährige Punkerinnen beeindrucken. Man muß sich schon etwas mehr Mühe geben und die platten Schmeicheleien kunstvoll in ein alternatives Wortfiligran verstricken. Das Grundmuster besteht darin, vages und diffuses Gelaber durch ernste Blicke eindeutig zu machen. Hilfreich sind dabei aus der Tiefe des Herzens kommende Betonung und bedeutungsschwere »Dus« jeweils am Anfang und Ende des Satzes. Wichtig ist auch die Relativierung der Aussagen. Direkte Lobhudeleien werden als plump, unreflektiert und aufgesetzt

empfunden. Also öfters mal ein »irgendwie«, »ich weiß nicht« oder »ich glaube« einflechten!

Einige Beispiele:

Falsch!	**Richtig!**
Hallo! Ich möchte dich gerne kennenlernen...	Weißt du, ich komme mir irgendwie echt blöd vor, weil es wahrscheinlich so aussieht, als wäre ich einer von diesen Anmachern hier in der Kneipe, und ich hab' echt kein Bock, den üblichen Schmus abzulassen oder gar nach Feuer zu fragen. Aber du bist mir schon gestern irgendwie aufgefallen, und wenn ich stumm in der Ecke sitze, bringst mir das auch nichts. Also hab' ich mir gesagt, alles, was du verlieren kannst, ist deine Angst oder daß sie denkt: noch so einer (leichtes Zittern in der Stimme). Drum sag' ich's ganz offen: Ich würd' gern ir-

gendwie mehr über dich wissen! Aber du mußt mir echt sagen, wenn dir das jetzt zu blöd ist. Ich kann das verstehen.

Du hast so schöne Augen!	Kann es sein, daß deine Augen im Sonnenlicht grün werden? Irgendwie wirken die auf mich irritierend. Ich weiß, das klingt albern, aber es ist echt so!
Du bist die schönste Frau, die ich kenne!	Ich weiß nicht, irgendwie strahlst du irgendwas aus, das hab' ich irgendwo noch nie gesehen!
Du bist ja sooo intelligent!	Du glaubst gar nicht, wie erholsam es ist, mal jemanden zu treffen, der einen nicht mit dem üblichen Mist vollabert!
Du bist so anders als alle anderen!	Weißt du, ich kann mit diesen aufgemotzten Schicki-Micki-Miezen einfach nichts anfangen!

Nur du kannst mich glücklich machen!	Irgendwo hab' ich ein gutes Gefühl, als könnte es mit uns irgendwie klappen!
Du gibst mir die Kraft, die ich zum Leben brauche!	Seit ich dich kenne, hab' ich irgendwie wieder mehr Bock, was zu machen!
Ich liebe dich! (ganz böser Schnitzer – darf nicht passieren!!)	Seltsam! Du weckst Sachen in mir, von denen ich glaubte, sie wären schon lange tief in meinem Inneren verschüttet.

In schwierigen Fällen muß man die »Schlüssel-Methode« anwenden, denn Frauen mit Erfahrung werden bei zu direktem Vorgehen mißtrauisch. Du mußt deshalb durch vage Andeutungen ihr Interesse wecken und dich praktisch zwingen lassen, ihr zu schmeicheln. Das geht z. B. so:

»Irgendwie verunsicherst du mich!«

Kaum eine Frau auf der Welt könnte jetzt ihre Neugier beherrschen und nicht fragen:

»Wieso, wie meinst du denn das?«

Jetzt hast du freie Bahn und kannst ungefährdet deinen Sermon ablassen. Schließlich ist es ganz offensichtlich, daß du sie nicht anmachen willst. du nimmst nur deinen ganzen Mut zusammen, um ihr ehrlich zu antworten. Selbst auf die Gefahr hin, von ihr ausgelacht zu werden. Das weckt mütterliche Instinkte, und sie wird alles vermeiden, was dich verletzen könnte.

Es ist also klar, was den normalen Chauvi von dem alternativen unterscheidet: seine Zielgruppe, die Opfer.

Was unterscheidet das alternative Opfer vom herkömmlichen?

Im Grunde nichts! Aber wie schon erwähnt, die alternative Frau hat dazugelernt. Ihre erhöhten Ansprüche beschränken sich nicht allein auf die zeitgemäße Präsentation alter Lügen. Denn seit sie ihre inneren Widersprüche erkannt hat und mit diesen leben muß, sind die Ansprüche an die Typen gewaltig gestiegen. Anders ausgedrückt:

Die Frauen haben festgestellt, daß sie im Grunde auf den gleichen Scheiß abfahren wie ihre Omas, nämlich auf smarte Macker mit souveräner Ausstrahlung. Das können und wollen sie mit ihrem Bewußtsein nicht vereinbaren. – Diesem Konflikt hat der alternative Chauvi Rechnung zu tragen. Er muß den Frauen helfen, ihr Bewußtsein zu umgehen.

Wenn er sich also erfolgreich verkaufen will, hat er sich gemäß den veränderten Bedürfnissen, seine Person betreffend, anzupassen. Das ist nicht so schwer, wie es sich jetzt vielleicht anhört. Stellen wir zunächst einmal fest, wie diese Bedürfnisse konkret aussehen.

Auf was die Opfer abfahren

Die alternative Frau erwartet von dir folgende Eigenschaften!

Du sollst stark sein	– aber nicht hart!
Du sollst souverän sein	– aber nicht überheblich!
Du sollst sensibel sein	– aber nicht empfindlich!
Du sollst verspielt sein	– aber nicht infantil!
Du sollst weich sein	– aber nicht weinerlich!
Du sollst zärtlich sein	– aber nur, wenn es ihr gerade paßt!
Du sollst unkonventionell und »interessant« sein	– aber bei ihr bürgerlich treu!
Du sollst aufmerksam sein	– aber nicht eifersüchtig!
Du sollst fürsorglich sein	– aber nicht bevormundend!
Du sollst temperamentvoll sein	– aber nicht aufbrausend!

Du sollst Ruhe aus-strahlen	– aber nicht einschlä-fernd sein!
Du sollst humorvoll sein	– aber nicht albern!
Du sollst ernsthaft sein	– aber nicht depressiv!
Du sollst romantisch sein	– aber in erträglicher Dosis!
Du sollst konsequent sein	– aber nicht stur!
Du sollst flexibel sein	– aber nicht wan-kelmütig!

Keine Sorge! Man muß kein schauspielerisches Genie sein, um diese Eigenschaften wenigstens eine Zeitlang vorzutäuschen. Die Klugheit des Fuchses wird oft überschätzt, weil man ihm die Dummheit der Hühner als Verdienst anrechnet. Ich will damit sagen, daß die Opfer ohnehin nicht an dem interessiert sind, was du wirklich bist. Sie lassen sich von den eigenen Projektionen faszinieren, die sie in dich hineinlegen.

Merke: Das Geheimnis des erfolgreichen alternativen Chauvinisten liegt daher nicht in den vergeblichen Versuchen, etwas vorzuspielen, sondern darin, die Projektionen der Frau nicht zu zerstören.

Jeder kennt das Bild von dem Pärchen in der Kneipe: Der fröhliche, nette Typ, der pausenlos von sich erzählt, derweil sie sehnsüchtig in die Ecke starrt, wo *er* steht (der große Unbekannte, welcher ruhig und gelassen an seinem Weinglas nippt). Der Schwätzer hat keine Chance. Er mag vergleichsweise ein lieber, aufgeschlossener Junge sein, aber je mehr sie über ihn erfährt, desto weniger Platz haben ihre Wunschbilder. Der Stille in der Ecke ist vielleicht ein ganz übler Macker, doch solange er schweigt, kann er keine Seifenblasen platzen lassen. Natürlich kann es dabei nicht auf Dauer bleiben, denn Frauen, die von sich aus einen Typ ansprechen, sind immer noch dünn gesät. Deshalb gilt es, behutsam das Schweigen zu brechen und Bahnen zu bauen, in denen ihr Selbstbetrug ungehindert Fahrt gewinnen kann.

Das Anmachen

Wenn du den ersten Kontakt geknüpft hast (s. S. . . .), vermeide es tunlichst, über dich zu reden. Da du noch nicht weißt, was sie in dir sieht, wäre es schon großer Zufall, das richtige Bild abzugeben. Begnüge dich daher vorerst mit allgemeinen Themen aus Politik oder Beziehungskisten, wo du ihrer Zustimmung sicher sein kannst. Sodann frage *sie* aus! Nimm jeden Faden auf und ziehe daran! Das signalisiert »Interesse an der Person«, und kaum eine wird der Möglichkeit widerstehen können, sich zu produzieren. So vermeidest du erstens den Eindruck, du wolltest ihr imponieren, und zweitens kommst du bald dahinter, welche Rolle du ihr vorzuspielen hast.

Aber nicht zu allem, was sie so von sich gibt, »ja, ja« sagen! Das könnte so aussehen, als wolltest du bei ihr Punkte sammeln. Dies wird schnell durchschaut, und dann wirst du langweilig. Natürlich möchte sie bestätigt werden! – Aber erst nach ernsthaftem Hinterfragen und einem anschließenden »ach so – ja, das ist richtig«. Sie will keinen laschen Zuhörer, sondern jemanden, der sich verständnisvoll mit ihren Problemen auseinandersetzt. Nicht nur, daß Zwischenfragen echtes Interesse vorspiegeln, du kannst auch das Gespräch in die Richtung lenken, in die du es haben möchtest. Das ist immens wichtig. Vermeide es auf alle Fälle, kritische Punkte anzuschneiden oder gar Schwächen bei ihr aufzudecken! Gib ihr vielmehr die Möglichkeit, ihre positiven Seiten und ihre Stärken aufzuzählen.

Klar, daß sie dir zeigen möchte, was für eine tolle Frau sie ist. Aber das gehört sich nicht, und deshalb muß sie immer drumherum reden. Aber durch dein »wirkliches interessiertes« Nachfragen bleibt ihr gar nichts anderes übrig, als dir ihr positives Wesen preiszugeben (welches du »offen anerkennend« registrierst).

Glaub' mir, das macht süchtig! Jeder Mensch sehnt sich nach Anerkennung, und wenn du ihr die Gelegenheit gibst, sich zu bestätigen und ihr Selbstwertgefühl zu stärken, wird sie dich bald brauchen wie eine Droge. Du läufst auch nicht Gefahr, daß sie sich durch den plötzlichen Identitätsrausch dir überlegen fühlt und dich dann nicht mehr faszinierend findet. Sie weiß ja immer noch nichts Konkretes von dir, und in ihren Träumen bist du ein ganz toller Typ. Ihre Vorstellungen von dir entwickeln sich zwangsläufig, denn:

Merke: Nur die Anerkennung durch jemanden, den man selbst bewundert, schafft wahre Befriedigung.

Ihr Unterbewußtsein wird verhindern, daß der Verdacht, du könntest vielleicht eine Null sein, ihr aufblühendes Selbstwertgefühl trübt. Darüber brauchst du dir also keine Sorgen zu machen. Dein Bild steht erst mal.

Wo mache ich an?

Da hat jeder seine Vorlieben, die meistens von den eigenen Fähigkeiten oder dem Mut abhängen. Am einfachsten ist es in studentischen Arbeitsgruppen und Seminaren. Die Fortgeschrittenen bevorzugen die freie Wildbahn wegen der größeren Auswahl. Beliebt sind die Kommunikationszentren oder Kneipen ohne feste Sitzordnung, wo man frei herumlaufen und die Fühler ausstrecken kann. (Ein Tip auch für die Gastronomie, denn in unserer Gesellschaft wird der Bedarf an Single-circulation-Schuppen immer größer).

Mehr und mehr in Mode kommt auch die »Ski-Gymnastik« an den Sport-Unis. Hervorragend geeignet für all jene, die rhetorisch nicht so begabt sind oder zumindest vor der ersten Hemmschwelle kein Wort herauskriegen. Bei der Ski-Gymnastik rennen etwa 200 Personen (ca. 100 Damen) wirr durch die Gegend, um abzunehmen oder anzumachen. Der erotische Sportdreß schafft hierfür ideale Rahmenbedingungen. Wenn du also zu schüchtern bist, deine Angebetete anzusprechen, renne sie einfach bei günstiger Gelegenheit über den Haufen (die am weitesten verbreitete Art). Oder du rammst ihr bei einer geeigneten Übung deinen Ellbogen in den Bauch (Methode: alles oder nichts). Wenn sie dann schmerzgekrümmt nach Luft ringt, bist du tröstend zur Stelle und leistest Erste Hilfe. Du selbst bist ganz *unt*röstlich und lädst sie zur Wiedergutmachung ins Café ein. (Diese Methode führt allerdings nicht immer zu den gewünschten Ergebnissen.)

Eigenpräsentation des alternativen Chauvinisten

Es ist immer wieder erstaunlich, wie lange die Opfer an dem Bild festhalten, das sie sich einmal von dir gemacht haben. Auch wenn jeder Blinde längst erkannt hätte, was für ein mieser Macker du bist, glauben sie fest daran, daß dein Verhalten eine momentane Krise ist. Hartnäckig beharren sie darauf, deinen wahren Charakter dauerhaft stabilisieren zu können und hoffen unbeirrbar auf die endgültige Wende Eurer Geschichte zum Guten. – Sie können nicht anders! das macht ihr Bewußtseins-Konflikt. Lieber trösten sie sich mit Erich Fromm, als zuzugeben, daß sie genauso verträumt und naiv sind wie ihre Großmütter. Meistens glauben sie so lange an ihren Traum, bis es dir gelingt, endlich mit ihr Schluß zu machen. (Aber dieses Thema wird noch später behandelt. Schließlich haben wir unser Opfer gerade erst eingefangen.)

Wenn du die Ratschläge im vorherigen Kapitel befolgt hast, ist ihre Vorstellung von dir automatisch positiv gewachsen. Trotzdem muß sie ausreichend Nährlösung erhalten, damit sie sich weiterentwickeln und festigen kann. Zudem kannst du dich ja nicht ewig auf Schweigen und Fragestellen beschränken.

Nachdem du ihr das Glück der Selbstbestäti-
gung geschenkt hast, möchte sie natürlich wissen,
wem sie es verdankt.

Es gilt also, wie gesagt, ihren Projektionen Möglichkeiten zu geben, sich zu manifestieren.

Das ist eine heikle Sache, und von ihrem Gelin-
gen hängt der weitere Erfolg ab.

So kommen wir also zu dem Bild, welches du
suggerierst:

A. Deine Stimme

Deine Stimme ist ruhig und besonnen, mitfühlend, aber fest – mit einem Schuß ins Väterliche –, nur nicht zuviel! Das riecht nach Bevormundung. Gerade soviel, daß ihr latenter Vaterkomplex befriedigt wird. Deshalb das Mitgefühl öfters »engagiert-solidarisch« vorbringen, das schafft die Ebene »von gleich zu gleich«. Der Bereich, »Du leidest

genauso wie ich«, darf nicht zu sehr von dem »ich beschütze Dich« überdeckt werden! Es gilt, das richtige Verhältnis herauszubekommen. Du wirst sicher bald merken, auf was sie mehr abfährt, und kannst es dann angemessen ausspielen. Wichtig ist es, die Ruhe deiner Stimme hin und wieder durch ein paar lustig-zynische Bemerkungen aufzulockern. Damit kann man Abgeklärtheit vortäuschen, ohne in den Verdacht zu geraten, ein Amateur-Psychologe zu sein (völlig unerotisch).

Nr. 1 in der Bestsellerliste ist jener Typ, der um das Elend der Welt weiß, aber über soviel Absurdität nur noch lachen kann (mit einem Hauch Weltschmerz in der Stimme). Jemand, der trotz allem seinen Humor behalten hat und dem Leben noch angenehme Seiten abgewinnen kann. Das verspricht Lebensfreude ohne den Preis der Oberflächlichkeit. Aber ja nie gröhlend herauslachen! Das entlarvt dich gleich als den unsensiblen Säufer, der du bist.

Hintergründig, sarkastisch lächeln ist das Ideal! Es läßt die Schmerzen deiner unbekannten Vergangenheit ahnen, die zu lindern ihr sehnlichster Wunsch sein wird. Aber deine Wunden müssen längst verheilt aussehen, wie im nächsten Kapitel begründet wird.

B. Deine Psyche

Sie möchte deine *Narben* zwar mitfühlend bewundern, aber schon wieder als Mülltonne für ein Psycho-Wrack zu fungieren, würde sie ankotzen, und du hättest sofort verspielt.

An dieser Stelle möchte ich auch nochmals mit Nachdruck davor warnen, den sensiblen Softie zu mimen! Die Frauen sind selber frustgebeutelt und haben absolut keinen Bock, dein Gegreine zu ertragen, bzw. dauernd von deinen Problemen belagert zu werden.

Dies wäre außerdem ein sträfliches Eindringen in ihre Domäne! Das ist ihr Spezialgebiet, auf dem sie keinen Konkurrenten akzeptieren. Außerdem sähen sie sich noch dazu vor die harte Anforderung gestellt, umzudenken und die Gegenrolle zu übernehmen.

Nein! Du bist derjenige, der die Leiden schon hinter sich hat und daraus gestärkt hervorgegangen ist, der alles kennt und den nichts mehr erschüttern kann: cool und souverän. Du darfst sogar ein wenig Verhärtung anklingen lassen. Das bestätigt ihr nur ihre Einzigartigkeit, die sie in die Lage versetzt, deine Härte zu lösen und deine noch immer vorhandene Einfühlsamkeit zum Tragen zu bringen (was du ihr natürlich rechtzeitig vorgaukeln mußt).

B. 1. Deine Vergangenheit

Wie ist also deine Vergangenheit aufzubereiten? Erinnern wir uns: Sie (dein Opfer) möchte Festungen erobern, Mysterien erforschen, Verhärtetes aufweichen und Narben bewundern. Darin liegt die erotische Faszination des Spiels. Entsprechend mußt du deine Null-acht-fuffzehn-Vergangenheit verklären und die Schwachstellen mit Heroismus tarnen. Zum Beispiel:

Dein Studium, welches du vor lauter Prüfungsangst abgebrochen hast, wird im nachhinein zum Kampf mit den Widersprüchen der Gesellschaft, welche hinzunehmen du damals nicht bereit warst. Und du stehst noch heute zu deiner Weigerung, den Schwanz einzuziehen und dich von einer privaten Karriere korrumpieren zu lassen!

Daß du jetzt einen guten, festen Job hast, liegt daran, daß du in einem schwierigen Reifeprozeß gelernt hast, erstmal die Absurdität des Seins als solche hinzunehmen. Denn nur von innen heraus kann man die Dinge verändern. Im Abseits stehen und den eigenen Frust pflegen, ist doch total sinnlos. – Es gibt einige Dinge, die man tun kann, ohne gleich staatstragend zu sein. Schließlich spendest du einen Teil des Geldes, welches du deinem Steuerberater verdankst, den Grünen. (Bei Damen unter 30 Jahren den Steuerberater besser weglassen. Denen über 30 dagegen signalisiert er, daß man mit dir auch mal gut essen gehen kann.)

Deine dilettantischen Versuche, Klavier zu spie-

len, werden zu einer schlimmen Erfahrung, deretwegen du dein Verhältnis zum Musizieren verloren hast. Ein Mitglied eurer Band hat dir damals deine Ideen geklaut! (Nebenbei läßt du einfließen, daß der Dieb mit deinen Ideen inzwischen zum gesuchten Studio-Keyboarder aufgestiegen ist.)

Danach siehst du ihr in die Augen und sagst: »Aber vielleicht sollte ich wieder mal damit anfangen« (was ausdrücken soll: »Seit ich dich kenne, hab' ich irgendwie wieder mehr Bock, was zu machen.«).

Ähnlich erschütternd ist der Grund für deine vom Saufen und Rauchen herrührende Null-Kondition: Du warst der schnellste Flügelstürmer in deinem Verein, aber als du erkanntest, daß alles kein Spiel mehr ist, sondern nur noch Kampf um Punkte ohne Rücksicht auf die Gesundheit des Gegners, bist du ausgestiegen. – Nein, um Gottes willen! Du schaust dir *nie* im Fernsehen Fußball an. Diesen verkommerzialisierten Rummel! Diese Ersatzkriege.

Natürlich warst du in deiner Studienzeit ungeheuer aktiv. Du warst sogar einer der ganz wenigen, die es gewagt haben, sich offen mit ihren Professoren anzulegen, und sich deswegen ihre Chancen versaut haben, bis du feststellen mußtest, daß du ein dummer Idiot warst, der für andere seinen Kopf hingehalten hat, während die übrigen brav kuschten und inzwischen Arzt oder Anwalt geworden sind. Klar denkst du heute noch po-

litisch! Aber du hat immense Schwierigkeiten, aktiv in einer Organisation mitzuwirken, weil du dein Vertrauen verloren hast und auch keine kennst, hinter der du voll und ganz stehen könntest. Das liegt daran, daß du dir zu viele Gedanken machst und alle Gesichtspunkte berücksichtigst. Du kannst einfach nicht mehr jugendlich blind feste Standpunkte vertreten. Mit solchen Argumenten kannst du vertuschen, was für ein desinteressierter, lahmarschiger und opportunistischer Sack du bist.

Diese Aufbereitung ist wichtig. Zeigt sie deinem Opfer doch, daß du kein Milchbubi bist, sondern ein gestandener Mann, der weiß, was leben heißt. (Bei politisch engagierten Frauen unter 25 empfiehlt es sich dagegen, die aktive Mitgliedschaft in einer Bürgerinitiative vorzuweisen.) Ansonsten ist nicht zu befürchten, daß sie zu sehr in deinem Vorleben herumstochert. Ihr Instinkt sagt ihr, daß es schöner ist, unwissend weiterzuträumen.

Um ein Problem wirst du allerdings nicht herumkommen: Trotz aller Träumereien bleibt immer noch ein Rest Mißtrauen, der beseitigt werden will. Deshalb solltest du gut vorbereitet sein, wenn sie wissen möchte, warum du momentan in keiner Beziehung steckst. Antworten wie: »Ich hab' bis jetzt noch nicht die Richtige gefunden« sind plump und dilettantisch. Die alternativen Frauen – wie alle anderen – sind ja gewohnt, beschissen zu werden, aber wenn du versuchst, sie unter Niveau zu verschaukeln, sind sie zu Recht beleidigt. Also immer ein paar gute Ausreden parat haben.

Hier eine kleine Auswahl:

Nach der letzten herben Enttäuschung
a) ... dachtest du eigentlich, daß du zu keinerlei Gefühlen mehr fähig bist, aber seit du sie kennst...
b) ... wolltest du erstmal Abstand gewinnen und die Geschichte verarbeiten. Du hattest dir fest vorgenommen, dich in nächster Zeit nur um dich selbst zu kümmern – aber ...

c) ... wolltest du nicht den gleichen Fehler machen wie viele andere und dich aus Kummer sofort in eine neue Beziehung stürzen. Das geht immer schief – aber...
... etc.

Nun passiert es leider öfters – vor allem, wenn man stets die gleichen Kneipen frequentiert –, daß man dich erst kürzlich in Damenbegleitung gesehen hat. Ebenso wichtig sind daher gute Begründungen, warum die letzte Beziehung in die Hose ging. Zu sagen: »Es war halt die Falsche, ich hab' mich da vertan«, ist gefährlich. Das schürt den Verdacht, daß du nicht so recht weißt, was du willst. Die Neue wird sich von der Möglichkeit, auch die Falsche zu sein, bedroht fühlen. Sie will aber Sicherheit, bevor sie sich auf dich einläßt. Deine Antwort sollte also erstens dieses Sicherheitsbedürfnis abdecken, zweitens dich nicht herzlos erscheinen lassen (als wärst du fähig, eine dich liebende Frau zu verlassen), drittens auch nicht den Anschein erwecken, du wärst der Liebe nicht wert (als wärst du jemand, den man einfach verläßt). Zugegeben etwas schwierig. Phantasie ist gefragt.

Hier zwei Möglichkeiten:

a) »Weißt du, ich fand die ›Dingsda‹ recht sympathisch, und so haben wir öfters was zusammen gemacht. Ich dachte halt, das wäre nur eine Freundschaft oder so. Aber eh' man sich versieht, wird man in so eine Verantwortlichkeit hineingezogen, die man gar nicht will. Dauernd hat sie gesagt, wie schlecht es ihr geht, und daß ich ihre einzige Stütze wäre und so. – Da konnte ich mich unheimlich schwer gegen wehren. Plötzlich steckst du da irgendwo drin... Da konnt' ich nicht einfach sagen: ›Ich find' dich ganz nett, aber mehr auch nicht.‹ Man hat ja schließlich Mitgefühl. Aber auf die Dauer hat mich das erstickt! Etwas zu tun, was ich gar nicht will. Ich fand die ›Dingsda‹ ja immer noch sympathisch, aber Mitleid ist doch keine Basis für eine Beziehung, oder? – Das hab' ich ihr dann auch irgendwann gesagt. – War ganz schön hart, kann ich dir sagen. Ich hab' mich total beschissen gefühlt.«

b) »Weißt du, am Anfang lief das ganz gut mit der ›Dingsda‹. Ich dachte erst, das wäre 'ne coole Frau mit Grips. Aber nach und nach kam dann halt doch die Unternehmer-Tochter zum Vorschein. Das linke Getue war alles nur aufgesetzt gewesen, wohl so 'ne Art Mode-Gag. Dauernd schwärmte sie mir was von tollen Möbeln und Klamotten vor. Und ich stand immer stumm daneben. Da hat sie mir vorgeworfen, ich wäre öde und könnt' mich nicht begeistern. Ich würde sie nicht verstehen, hat sie gesagt. Aber wenn sie ein neues Shampoo mitbringt, das ja soo toll riecht, kann ich doch nicht ausrasten, als hätte ich grad den Sinn des Lebens entdeckt. Soweit schaffe ich den Selbstbetrug nun doch nicht. Zum Schluß meinte sie dann, sie steht zu ihrer Identität und läßt sich von mir nix mehr vermiesen. – Dann ist sie mit so einem Manager-Typ abgerauscht. Na ja, der wird sie vermutlich zu würdigen wissen.«

So oder so: das Mitgefühl deiner Neuen wird dir sicher sein!

C. Kulturelles Niveau

Du gehst gerne ins Theater, kennst alle Filmkritiken und interessierst dich für Kunst. Deine Lieblingsmaler sind: Hieronymus Bosch, Botticelli, Dalí, Picasso und Spitzweg. (Da gibt es Widersprüche zu ergründen, und außerdem ist für jeden Geschmack was dabei.)

Dein Musikgeschmack ist nicht borniert-reduziert, sondern total. Du kannst dich an Klassik ebenso begeistern wie an Hard-Rock, von Amadeus bis ZZ-Top alles drin. Natürlich hast du Vorlieben, aber die gibst du erst preis, wenn du sie mit den ihren abstimmen kannst.

In der Literatur kennst du dich aus mit Max Frisch, Erich Fromm, Ying und Yang, Max und Moritz und weißt, daß Zen keine Hautcreme ist.

Du hast einiges gemacht und bist viel herumgekommen. Aber nicht konkret werden. Deine vagen Andeutungen dienen nur dazu, ihrer Phantasie den nötigen Spielraum zu geben. (Immer gut machen sich ein paar »dunkle Zeitabschnitte«, über die du *jetzt* aber noch nicht reden möchtest.)

D. Deine Kleidung

Ein äußerst schwieriges Thema. Hier unterscheidet sich der Geschmack selbst innerhalb einer Altersstufe sehr stark. Trotzdem gibt es ein paar Grundregeln, die uns weiterhelfen. Zuerst einmal

hat man sich der Umgebung des Jagdreviers (Kneipen, Seminare etc.) anzupassen. Das scheint in einer Zeit, die ein Faible für individualistische Extravaganzen hat, recht einfach zu sein. Trotzdem sollte man darauf achten, welche Nuance der persönlichen Abgrenzung gerade im Trend liegt. Letztendlich ausschlaggebend sind das Alter und der Typus des Opfers, auf das du es an diesem Abend abgesehen hast

Genau wie der Jäger entweder Hasen oder Rehe jagt und entsprechend ausgerüstet ist. Pauschal alles anmachen zu wollen, was einem über den Weg läuft, ist völlig sinnlos und führt zu keinem Erfolg. Chauvinisten mit einem breit gefächerten Geschmack sollten daher über eine entsprechend große Garderobe verfügen. Doch bleiben wir zunächst bei den Grundregeln:

Zieh' bloß keine selbstgestrickten Sachen an! Zumindst nicht, wenn sie noch relativ neu sind. Das mißtrauische Auge erkennt sofort die fruchtlosen Bemühungen einer Verflossenen. Es legt den Verdacht nahe, daß deine letzte Beziehung noch nicht lange her ist, und das zieht absolut nicht! Entweder bist du dann ein herzloser Klotz, weil du die Sache abstreifen konntest wie eine lästige Fliege, oder – was noch viel schlimmer ist – du trauerst deiner Verflossenen nach. Wenn es etwas gibt, auf das die erfahrene alternative Frau überhaupt keinen Bock hat, dann ist es, sich mit den Trennungs-Wehen deiner letzten Beziehung herumzuschlagen. Das hat ihr schon bei den letzten drei Lovern

zum Hals rausgehangen. Es ist ja auch äußerst uncharmant, deiner Partnerin dauernd von einer unbewältigten Liebe vorzuheulen, anstatt ihr die nötige Aufmerksamkeit zu widmen, wenn sie von *ihren* schlechten Erfahrungen spricht.

Ganz anders ist es mit altem Selbstgestrickten. Das zeigt an, daß du es wert bist, geliebt zu werden, und daß du diese Liebe zu würdigen weißt und in Ehren hältst. Es ist ja schon soo lange her und somit keine direkte Bedrohung mehr. Deine Klamotten dürfen aber ansonsten nicht antiquiert sein! Grüne Ami-Jacken und Jeans mit Schlag lassen glauben, du wärst geistig auf dem Stand von vor 13 Jahren zurückgeblieben. Zu modische Kleidung läßt andererseits einen Gigolo vermuten, was auch nicht von Vorteil wäre.

D. 1. Was trage ich wo?

Für Weinkeller und Kneipen mit ähnlichem Publikum empfiehlt sich folgendes: dezent salopp, nicht zu betont sportlich. Auf die Cordhosen der alten Seminar-Marxisten sollte man verzichten. Dogmatische Polit-Gurus sind bei der modernen, postemanzipierten Frau nicht mehr in. Sie wissen selbst genug und wollen sich betören lassen, nicht belehren. Es langt daher, wenn du von allem ein bißchen Ahnung hast und weißt, daß Geißler kein Dominikaner-Mönch, sondern ein Inquisitor neueren Datums ist. Mit anderen Worten: Der politisch-philosophische Pluralismus ist angesagt. Man trägt leichte, weltoffene Bundfaltenhosen und Baumwollpullis (im Sommer über die Schulter gelegt).

In den Seminaren und studentischen Kommunikationszentren trägt man – als Zeichen fehlender Berufsperspektiven – Schwarz, und zwar in Abgrenzung zur vorherigen Generation im Stil der fünfziger Jahre: zur groß, zu weit, aber mit weißem Hemd und auch mal mit Schlips, dazu ein Neon-Gesicht mit einem Ohrstecker. Auch für ältere Semester noch tauglich Es wirkt nur dann bedauernswert aufgesetzt, wenn deine Haut nicht mehr glatt und bleich genug ist. Dann solltest du dir wenigstens ein paar Pickel aufmalen.

Ansonsten reicht es, wenn du kein Wort mehr über Politik verlierst und dich nur noch um Musik und neue Filme kümmerst. »Die Form ist wichtig, der Inhalt ist sowieso verlogen!« – und wenn schon inhaltslos, dann wenigstens exzentrisch. Zwar trifft man hin und wieder in den Vorlesungen noch auf ein paar Müsli-Fresser, aber für jene gilt ähnliches wie für die Softies: unerotisch gesund!

In den Discos ist es völlig egal, was du anziehst: viel zu laut, um mit jemandem ins Gespräch zu kommen. Dort geht man hin, um zu vergessen, nicht, um aufzureißen. Falls du dennoch Lust und Kraft hast, einer Angebeteten ein paar Platitüden ins Ohr zu brüllen, solltest du kräftig deine Augen schminken, damit du bei der finsteren Beleuchtung wenigstens ein bißchen Ausstrahlung hast. Im übrigen ziehst du deine verstaubte Motorradjacke an, wenn du den Teenies imponieren willst.

Recht einfach löst sich die Kleiderfrage in den Edel-Cafés. Du läufst halt genauso rum wie alle anderen auch: beige Khakihosen, hellblaues T-Shirt von Lacoste und knallgelber Pulli über den Schultern – oder was in diesem Jahr gerade angesagt ist.

Die Brille ist abzulegen. Intellektuelle Grübler sind nicht mehr gefragt, nur noch nachdenkliche Lebenskünstler.

Das gleiche gilt für die Gesichtsbehaarung. Schon längst ist durchgesickert, daß vor allem hochsensible Männer sich einen wilden Bart stehen lassen, um robustes Denken vorzutäuschen.

Mit den Haaren ist es wie mit den grünen Ami-Jacken: Lange Zotteln oder gar eine Prinz-Eisenherz-Frisur gehen nur noch dann durch, wenn du darunter wie Christopher Lambert aussiehst. Lebensbejahend kurz sollen sie sein oder wenigstens fettig nach hinten gekämmt. (Letzteres nur für Jüngere, die noch was zum Kämmen haben.)

E. Deine Wohnungseinrichtung

Ein kompliziertes Problem. Deine Kleider kannst du, je nach Bedarf, kurzfristig austauschen. Das beschränkt sich in deiner Behausung auf das Umhängen von Bildern und das Wechseln der Bettwäsche.

Es kommt daher darauf an, eine ausgewogene, neutrale Misch-Möblierung zu erstellen, die ein möglichst breites Spektrum der Bedürfnisse abdeckt. Keinesfalls darf sie etwas Konkretes über deine Person aussagen (könnte Projektionsmöglichkeiten einschränken)! Auch wenn dies leider mit sich bringt, daß dir dein Heim selber nicht gefällt – Opfer und Zugeständnisse an den allgemeinen Trend müssen von einem echten Chauvi schon gemacht werden, also:

Deine Zimmer sind weiß. Weiß und kühl. Um nicht zu sagen: kahl. Jüngeren ist es vorbehalten, ihre lackierten Eisengitter mit Neonröhren aufzuhellen, die schräg von der Decke baumeln. Die auf dem Boden liegende Matratze wird von einer schwarzen Lackfolie bedeckt. Es dürfen auch zwei, drei Bücher herumliegen. Aber nicht übertreiben, vielleicht etwas vom »Arschloch der 80er Jahre«, Wolf Wondratschek, oder so.

So ab 28 Jahren sollte man die weiß gestrichenen Holzdielen mit einem hellen Teppichboden belegen – reine Wolle, versteht sich. Die kühle Neutralität wird betont durch den Kontrast mit einigen ausgewählten Holzmöbeln und den Bildern bekannter moderner Künstler.

Die Matratze hat einen Holzrahmen bekommen und läßt sich ausklappen. (Mit zunehmendem Alter will man auch mal seine Ruhe haben – danach.)

Einige Grünpflanzen wecken bei der Damenwelt Sympathie, die sich aber ins Gegenteil kehrt, wenn der von Muttern geschenkte Weihnachtsstern vertrocknet herumgammelt. Verlaust dürfen die Gewächse ruhig sein. Schließlich kann man nicht zuviel von dir erwarten, und es bietet sich für die Frauen ein dankbares Betätigungsfeld. Sie werden dich mit Ratschlägen überhäufen und dir anbieten, deine Lieblinge von ihren Spinnmilben zu befreien. Hervorragend macht sich eine liebevoll gepflegte Flora, wenn sie mit einem betont coolen Auftreten kontrastiert. Das ist geradezu eine Rennbahn für Projektionen. Mit deinem erweiterten Weltbild hat sich auch deine Bibliothek vergrößert, aber du solltest die Bücher so ordnen, daß man nicht sofort erkennt, daß es sich in erster Linie um Science-fiction-Literatur handelt.

Dein Schreibtisch ist riesig-antik und bedeckt mit »Spiegel« (neben der letzten Nummer auch ältere Jahrgänge) und »Zeit-Magazin«. Deine bescheiden versteckte, aber unermüdliche geistige Regheit manifestiert sich in dem angefangenen Schachspiel auf einem kleinen, geschnitzten Tisch.

Videorecorder und Fernseher sind im Kleiderschrank verschlossen.

Deine Küche ist bestens ausgestattet und verfügt über sämtliche gängigen Gewürze. Es wäre natürlich toll, wenn du tatsächlich vom Kochen eine Ahnung hättest (schier unerschöpfliches Fundament für Gesprächsthemen), aber zumindest solltest du sie beeindrucken können, falls sie *dich* mal bekochen will.

Lebenskunst demonstrieren! Das Vorhandensein von Estragon z. B. verbirgt die Tatsache, daß du gewöhnlich Miraculi frißt, wenn die Mensa geschlossen hat.

So weit deine Selbstpräsentation.

Diesen ganzen Firlefanz kannst du dir sparen, wenn dein Opfer über 35 ist. Dann hat sie genug gesehen, um auf sowas noch reinzufallen. Außerdem hat sie inzwischen eine eigene Identität und ist nicht mehr gezwungen, sich über die projizierte Persönlichkeit des Partners zu definieren. Mit der gewachsenen Erfahrung sind aber auch ihre Ansprüche gesunken. Es reicht jetzt meistens, wenn du ihr glaubhaft machen kannst, daß deine Komplexe und Neurosen das übliche Mittelmaß nicht wesentlich überschreiten.

Das Opfer

Die Beute, welche du dir vornimmst, hängt in erster Linie von deinen derzeitigen Bedürfnissen ab, doch sollte das Ziel nicht zu weit von deinen realen Möglichkeiten entfernt sein. Da sich das Beziehungs-Karussell heutzutage jedoch immer schneller dreht, hat man oft die Wahl der Qual. (Glaub' ja nicht, daß ich mich vertippt hätte!)

Dieser Leitfaden soll dich auf das vorbereiten, was dich bei den jeweiligen Frauen erwartet und dir helfen, gezielt deine Auswahl zu treffen. Zusätzlich wird er dich vor katastrophalen Fehlgriffen schützen.

A. Sehr gutaussehende Frauen

Diese Kategorie dient nur der Psyche, um das Selbstwertgefühl aufzupolieren und im Ansehen der Freunde ein paar Stufen nach oben zu klettern. Sexuell und was die Zärtlichkeit angeht, sind sie uninteressant. Diese Damen wurden zeit ihres Lebens umschwärmt und mit Streicheleinheiten überhäuft. So hatten sie es nie nötig, eigene Aktivitäten zu entwickeln, um dem Partner ihre Bedürfnisse zu signalisieren. Ähnlich verzogen sind sie leider auch in geistiger Hinsicht, da ihnen die Jungs zu jedem Scheiß, den sie von sich geben, eifrig lächelnd applaudieren. Daher kommen die meisten von ihnen mit Typen besser zurecht als mit ihren eigenen Geschlechtsgenossinnen. Und da sie nie ein kritisches Feedback erhalten, müssen sie ja zwangsläufig glauben, daß sie kluge Frauen mit Durchblick sind. Man darf ihnen nicht böse sein. Sie können nichts dafür, daß die Männerwelt solche Prioritäten setzt.

Wenn du aber momentan mehr abstrakt-psychische Streicheleinheiten brauchst, versuche es. Allerdings hat man bei gutaussehenden Frauen seltener Glück. Wenn sie nicht gerade in festen Händen sind, so haben sie es dennoch nicht nötig, irgendwelche Kompromisse einzugehen, etwa um akute Entzugserscheinungen zu besänftigen. Erfolgsverwöhnt warten sie gelassen auf ihren Traummann. Gute Chancen hat man jedoch, wenn sie sich in einer Ausnahmesituation befinden und sowohl Ruhe als auch seelischen Beistand brauchen, z. B. nach der Beendigung einer chaotischen Beziehung, vor allem aber, wenn sie kurz vor irgendeinem Examen stehen und weder bereit noch fähig sind, neben dem Prüfungsstreß auch noch die anstrengenden Turbulenzen einer frischen Liebe zu ertragen. Dann brauchen sie einen (für sie gefühlsneutralen) Übergangstyp, bei dem sie sich anlehnen und erholen können: den alternativen Chauvi, der selbst keine Probleme hat, mit denen er sie zusätzlich belasten könnte. Er deckt ihre elementaren Bedürfnisse nach Anerkennung, Sex und Trost ab, ohne ihre Seele zu strapazieren.

Ablenkung durch Liebe können sie nicht brauchen, wo sie sich doch ganz auf ihre Diplomarbeit konzentrieren müssen.

Man kann sich durchaus eine Zeitlang in dieser Rolle wohlfühlen und erspart sich zudem noch den üblichen Trennungszirkus. (Da sie dich nach bestandenem Examen von selbst verlassen werden.)

B. Junge Mädels

Für alle mit Geduld und Brutpflege-Bedürfnissen. Sie sind romantisch und bewundern dich, vor allem die Erstsemester vom Lande, die sich nach einem Hauch der großen weiten Welt sehnen. (Erkennbar an den Alpakapullovern, die sie aber im 2. Semester ablegen.) Die jungen Damen vermitteln einem oft ein neues Lebensgefühl, wenn du es schaffst, ihr pubertäres Geplapper zu überhören. Interessant für pädagogisch Ambitionierte, die Spaß daran haben, anderen etwas beizubringen, meistens aber langweilig und riskant (!), da sie auch bei deinen Bekannten das Beschützersyndrom wecken. Wenn du sie dann eiskalt abschiebst, nehmen dir das deine Freunde übel, und du könntest in den Ruf geraten, ein *fieser* Chauvi zu sein.

C. Frauen über 30

Was Zärtlichkeit und Sex betrifft, am interessantesten. Zumindest wenn sie nicht zu den Frauen gehören, die mit 20 von den Erfahrungen träumen, die sie mit 30 haben werden, und dabei vergessen, daß man Erfahrungen *machen* muß. Auf der anderen Seite fehlt es ihnen etwas an Reiz, weil sie dich nicht bewundern werden. Sie sind zu abgeklärt, um noch in einen Rausch zu verfallen, der dich deinerseits berauschen könnte. Es gilt abzuwägen: Psyche gegen Physis – doch Vorsicht! Mit zunehmendem Alter neigen sie zum Klammern und beherrschen alle Tricks, dich moralisch unter Druck zu setzen.

D. Nicht gut aussehende Frauen

Besonders geeignet, um dein mickriges Ego aufzupäppeln. Sie betuteln dich von vorne bis hinten, kochen und nähen für dich, geben dir immer recht. Sie verstehen deine Probleme und gehen auf dich ein (was auf Dauer extrem langweilig wird). Sexuell hochinteressant. Zurückhaltung haben sie schon lange aufgegeben, um ihre schlechten Chancen nicht noch mehr zu mindern. Zudem brauchen sie die Sexualität als Bestätigung dringender als andere. Sie genießen sie daher auch viel leidenschaftlicher und geben dir somit das Gefühl, der beste Lover der Welt zu sein. Die meisten haben allerdings den Nachteil, daß sie um ihre mangelnde Attraktivität wissen. Dadurch verunsichert, brauchen sie ständig Liebesbeweise, und bleiben diese aus, fangen sie an zu quengeln und dir ihren Lebensfrust auszubreiten. Anstatt zu genießen und auf den nächsten zu warten, haben sie panische Festhalte-Tendenzen und versauen sich und dir damit den Spaß. Aus diesem Grunde enden solche Beziehungen oft viel früher, als sie eigentlich müßten.

Kurzsichtige Frauen sind nach meiner Erfahrung mit Abstand die zärtlichsten und genußfähigsten. Ob das psychisch bedingt ist (verstärktes Selbstbestätigungsbedürfnis von Brillenträgern) oder von ihrem stärker entwickelten Tastsinn herrührt, weiß ich nicht.

E. Häßliche Frauen

Kann ich nichts darüber sagen. Fehlt mir die Erfahrung.

F. Extravagante Frauen

Muß ich dringend von abraten! Das betonte Zurschaustellen einer trotzigen Unabhängigkeit verbirgt fast immer eine krasse Identitätskrise (hatten oft eine kaputte Kindheit etc.). Ihre zunehmende Schizophrenie wird dich bald fertigmachen. Es sei

denn, du hast Nerven wie Drahtseile und thera-
peutisches Talent (für dich selber).

Alle anderen Wesen weiblichen Geschlechts
liegen irgendwo dazwischen und tendieren in die
eine oder andere Richtung.

Liebe

Zur Zeit der Promiskuität, wo jeder mit jedem konnte, durfte, wollte, war der Geschlechtsverkehr weiter nichts Besonderes. Man machte ihn so nebenbei, ohne sich groß anzustrengen. (Anstrengung war damals schon verpönt.) Wenn er oder sie keine Lust hatte, ließ man es eben, ohne sich darüber Gedanken zu machen. Deshalb sind die Neandertaler auch ausgestorben. Bei einer anderen Gattung Mensch trat nun eines Tages eine genetische Veränderung auf, die verheerende Auswirkungen hatte. Bei dieser Spezies löste Desinteresse oder gar Ablehnung perverserweise eine Steigerung der eigenen Bedürfnisse aus. Um dem quälenden Zustand des Unbefriedigtseins Abhilfe zu schaffen, war man genötigt, sich um so mehr zu bemühen, je stärker sich der andere von der kalten Schulter zeigte, bis dieser erschöpft vor den Anstrengungen des Verfolgers resignierte und sich dem Werbenden ergab.

In der Evolution setzte sich diese Art, die mit ihrem entarteten Verhalten eine Unzahl von Nachkommen produzierte, letztendlich durch. Ob seiner unendlichen Bemühungen, die er bei seinen Überlegungen hatte, wie er sein Opfer am besten herumbekommt, nannte sich dieser Mutant »Homo sapiens«.

In der weiteren Entwicklung nahm seine Nervenkrankheit immer schlimmere Ausmaße an: Er empfand regelrecht Lust am Schmerz des Unbefriedigtseins! Deshalb wurde die Promiskuität verboten und das Zusammenkommen durch Gesetze sowie durch gesellschaftliche Konventionen immer mehr erschwert, um das masochistische Lustempfinden zu steigern. Manchmal bis zum Wahnsinn.

Diese Krankheit bezeichnet man als »Lust im extrem betriebenen Entzug«, kurz »Liebe« genannt.

Um die Verwechslung mit Freundschaft oder der Zuneigung einer Mutter zu ihrem Kind zu vermeiden, wird dem Begriff LIEBE meistens noch das klarstellende Adjektiv »leiden-schaftlich« beigesetzt. Durch die Ersatzdrogen der Konsumgüterindustrie werden die Symptome dieser Krankheit Gott sei Dank in erträglichen Maßen gehalten. Trotzdem ist dieses Leiden auch heute noch ein wesentlicher Bestandteil der menschlichen Psyche. Die gesellschaftlichen Hürden wurden zwar von ein paar verständnislosen Ignoranten zum Teil abgebaut, aber der Mensch hat auch daraus einen Ausweg gefunden. Er deckt seinen Lustbedarf, indem er Personen sucht, welche für ihn unerreichbar sind oder von denen zumindest anzunehmen ist, daß sie ihn unglücklich machen. Falls er das Pech hat, mit einem festen Partner glücklich zu sein, kompensiert er das mit Eifersucht und Verlustangst, denn ohne Entzug oder wenigstens Angst vor dem Entzug könnte die gelegentliche

Befriedigung des Sexualbedürfnisses niemals so lustvoll als Rausch empfunden werden. Nicht einmal der Identitäts-Höhenkoller, wenn man mal wieder jemand Neues herumgekriegt hat, kann diesen Tornado aus Lust und Leid ersetzen. Da diese Krankheit weltweit verbreitet und im Gen-Material der Menschen fest verankert ist, wird auch der alternative Chauvi hin und wieder von ihr befallen. Deshalb im nachfolgenden Kapitel ein paar bewährte Tips und Heilverfahren.

Was tun, wenn man sich aus Versehen verliebt hat?

Angenommen, du siehst eine Frau und verfällst plötzlich dem Wahn, den Rest deines Lebens mit ihr verbringen zu wollen. Hat er dich erstmal befallen, gibt es nur noch wenige Möglichkeiten und Mittel, den oft jahrelang andauernden Heilungsprozeß zu verkürzen. Mitunter hilft es, sich die Schwiegermutter in spe anzuschauen. Ihr Erscheinungsbild, dem sich das deines Engels mit der Zeit mehr und mehr angleichen wird, holt dich vielleicht rechtzeitig auf den Boden der Tatsachen zurück. Doch ist es leider so, daß mit dieser Krankheit meistens auch Blindheit und Phantasieschwund einhergehen. Deshalb ist es immer ratsam, ein paar prophylaktische Maßnahmen zu ergreifen, bevor man sich in ein Abenteuer stürzt. Man kann sich dadurch viel Mühe und Enttäuschungen ersparen.

Das beste Vorbeugemittel gegen unnötige Aufwendungen finanzieller und psychischer Art ist die Onanie. Du hast richtig gelesen. Wenn du abends mit deinem Engel zum Tête-à-tête verabredet bist, setze dich drei Stunden vorher zu Hause hin und hole dir munter in Ruhe einen runter. Und zwar, das ist wichtig, mit Gedanken an deine Angebetete. Das Testergebnis liegt in Sekunden vor.

71

Falls du nach dem letzten Seufzer sofort an die unbezahlte Miete oder an das Fußballspiel von morgen denkst, kannst du dein Date getrost einhalten. Dann droht keinerlei Gefahr, und dein gewaltiges Herzpochen war nur ein akutes Entzugssymptom. Aber auch wenn deine Gedanken anschließend nicht sofort wieder von den wichtigen Dingen des Lebens in Beschlag genommen werden, sondern weiterhin hartnäckig um die Lady kreisen, solltest

du keinesfalls übereilt vor der Macht der Liebe kapitulieren.

Du bist auf jeden Fall gewappnet, am Abend objektiv zu beurteilen, ob sich Investitionen jeglicher Art lohnen. Ohne hirnvernebelnden sexuellen Druck wirst du feststellen können, ob du ihr Lachen immer noch so reizend findest oder ob es dir als hysterisches Gekicher auf den Geist geht. Redet sie immer noch so interessant, oder labert sie

dich plötzlich mit ödem Klatsch voll? Ihr glaubt gar nicht, wie sehr sich eine Frau durch diese Präventivmaßnahme von einem zum anderen Mal verändern kann! So oder so kannst du nun beruhigt die nächsten Schritte in die Wege leiten.

Wie bekomme ich sie ins Bett?

Bei den jüngeren Opfern ist viel Geduld und Verständnis angesagt. Hier (aber auch *nur* hier, vgl. S. . . ., Stichwort: Polit-Guru) hilft es u. U., die Theorien über die sexuelle Revolution und den alle Lust unterdrückenden Kapitalismus noch mal auszugraben. Allerdings, bis du ihr die alle so verbraten hast, daß sie sie in wünschenswerter Weise schluckt und der Glaube an deine Aufrichtigkeit schließlich ihre Scheu besiegt, können Wochen ins Land ziehen. Ansonsten habt ihr eure Opfer am schnellsten in der Heia, indem ihr *gar nichts* unternehmt. Ganz im Ernst. Wenn eure Ambitio-

nen zu offensichtlich sind, löst ihr automatisch ihr anerzogenes und durch schlechte Erfahrungen sensibilisiertes Abwehrverhalten aus. Ist das erstmal passiert, kostet es endlose Mühen und viel Schauspielkunst, sie davon zu überzeugen, daß du *nicht* nur auf das Eine aus bist. Diese entnervenden Spiele ersparst du dir, wenn du dich diesbezüglich gänzlich uninteressiert zeigst. Das weckt ihren weiblichen Ehrgeiz, der sich sogar noch steigert, wenn du es ablehnst, »noch auf einen Tee« mit hoch zu kommen. Mit Sexabenteuern bist du fertig, du strebst nach Höherem. Sie wird dir bald beweisen wollen, daß es mit *ihr* doch noch Spaß machen kann, unbelastet von dem Verdacht, eventuell ausgenutzt worden zu sein, sondern im Gegenteil: Sie glaubt, dich erobert zu haben.

Diese Methode ist die absolut beste, vor allem, weil ihr euch nicht in mannigfaltige Lügen verstrickt, für die ihr euch beim Abseilen rechtfertigen müßtet – also in jeder Beziehung bequem. Der Erfolg wird euch überraschen. Nicht nur, daß so ein Beischlafentzug Verwirrung schafft und ungeheuer erotisierend wirkt. Vor allem seid ihr ja »sooo anders als all die anderen«! Aber Vorsicht: nicht anzuwenden bei Teenies! Sonst werdet ihr alt und grau, bevor etwas passiert, und auch nicht bei Frauen, die ihrerseits ein schnelles Abenteuer brauchen. Die suchen sich sofort jemand mit mehr Engagement. Im übrigen tun viel Zärtlichkeit und Alkohol die gleichen Dienste wie seit jeher. Was dann im Bett passiert, hängt zu sehr von den individuellen Bedürfnissen ab, um darüber allgemein-gültige Aussagen zu machen.

Wenn dein Bedürfnis aber mehr psychischer Natur ist (z. B. du hast dir eine *schöne* Frau geangelt und willst sie eine Weile behalten), dann ist es ratsam, sie nicht zum Orgasmus kommen zu lassen. Aus eigener Erfahrung wirst du wissen, daß man entspannt und befriedigt die Situation realistischer sieht. Befriedigt wird sie deine Mittelmäßigkeit schnell erkennen und ihr Interesse nachlassen, während noch vorhandene sexuelle Begierden Sehnsüchte und Verlangen nach deiner Person zurücklassen. Allerdings mußt du sie danach mit viel Zärtlichkeit entschädigen, um ihr körperliches Unbehagen abzubauen, sonst bist du sie trotzdem bald los.

Abgrenzung

Mit diesem Problem haben die meisten die größten Schwierigkeiten. Angenommen, du hast meine Ratschläge bisher beachtet. Das heißt, du bist ans Ziel gekommen, ohne etwas von deinem tatsächlichen Charakter und deinen Absichten preiszugeben. So weit, so gut. Aber so faszinierend deine unbekannte Persönlichkeit für ihre Projektionen am Anfang auch sein mag, früher oder später wird sie dennoch die Gretchenfrage an dich stellen: »Liebst du mich?«

Natürlich nicht so direkt. Heutzutage hört sich das etwa so an:

»Ich möchte dich mal was fragen. Weißt du, irgendwie sprichst du nie darüber... Muß ja auch nicht sein. Aber ich bin so verunsichert... Ich hab' viel nachgedacht in letzter Zeit... Mich würde mal interessieren, was dir unsere... äh Beziehung oder wie immer man es auch nennen will, was dir das bedeutet.«

Die Profis unter uns zögern diese Frage dadurch hinaus, indem sie ab und zu den Eifersüchtigen spielen (beleidigt sein täuscht Emotionen vor). Aber irgendwann fällt sie doch. Dann ist guter Rat teuer. Schließlich möchtest du ja noch eine Weile mit ihr zusammenbleiben (übergangsweise, bis du deinem »Traum« begegnest). Andererseits kannst du sie ja nicht plump anlügen und ernsthaft behaupten, daß du sie liebst. Erstens bringst du dich damit in Verruf und schaffst dir auch noch viel Ärger und Gezeter auf den Hals, zweitens: Wenn sie erstmal ihre Gefühlsbremse losgelassen hat, weil du grünes Licht gabst, wird das Verhältnis bald unerträglich werden. Ihre Ansprüche steigen, deine Rolle wird anstrengender und vor allem unangenehmer. Drittens: Je mehr sie dich liebt, desto weniger kannst du es genießen – wegen der Gewissensbisse, die immer stärker an deinem Rest Verantwortungsgefühl nagen. Viertens: Auch wenn dieses Gefühl dir schon lange abhanden gekommen sein sollte, ist der Spaß dahin, weil die Schauspielerei in Arbeit ausartet und es immer schwieriger wird, Ausreden zu finden, die dich aus dem Schlamassel halbwegs unbeschadet entkommen lassen.

Achte auf deinen Ruf im sozialen Umfeld! Ein alternativer (süßer kleiner) Chauvi wird toleriert und anerkannt, ein gemeiner, herzloser Falschspieler verachtet!

Was also tun? Die meisten werden von dieser Frage kalt erwischt und bringen in ihrer Not gerade noch ein dürftiges »Ich hab' dich sehr lieb« über die Lippen. Mit dieser Halbheit kommt ihr aber nicht weit! Das erfahrene Opfer wird sofort mißtrauisch und pocht auf exaktere Definition.

Deshalb ist es wichtig, von vornherein gewappnet zu sein! Bestens als Abgrenzung bewährt hat sich das »Prinzip Hoffnung – ohne Garantieschein«.

Zum Beispiel:

Chauvi: »Ja weißt du, das ist irgendwie schwer zu sagen. Das hängt mit meiner Vergangenheit zusammen. Da ist viel kaputtgegangen... Irgendwie dauert es bei mir sehr lange, bis ich Gefühle zulassen kann... Da kann ich gar nichts machen, das ist so in mir drin... Was ich sicher weiß, ist, daß ich dich sehr lieb habe und gerne mit dir zusammen bin. Ob sich mehr daraus entwickelt, kann ich nicht sagen. Aber ich habe eigentlich ein ganz gutes Gefühl, und wenn ich ehrlich bin, hoffe ich es sogar. Aber du weißt ja, wie es ist: Eine Garantie gibt es nie! (nimm sie in den Arm) – Ich hab' dich sehr, sehr lieb... nur drängen darfst du mich nicht.«

Damit wird sich die emanzipierte, vernünftige Frau, wenn auch zähneknirschend, abfinden müssen. Dieses Prinzip erhält dir den Status quo der Freiheit und erleichtert dir außerdem den Ausstieg, wie im nächsten Kapitel beschrieben wird.

Trennungsmodalitäten:
Wie mache ich Schluß und wann

Hast du die Gesetze der Abgrenzung beachtet, ist die Sache recht einfach:

Chauvi: »... Ich habe halt gemerkt, daß ich von meiner ›großen Liebe‹ von damals immer noch nicht loskomme. Das ist mir (wieder mal) schlagartig klar geworden. Ich weiß, da ist schlimm! Vor allem, seit ich gemerkt habe, daß deine Gefühle tiefer gehen. Deshalb ist es für uns beide besser, wenn wir uns trennen.«

Opfer: »Aber warum, wieso, weshalb... so plötzlich????«

Chauvi: »Weil ich uns nichts vormachen und dir Sachen versprechen will, die ich später nicht halten kann. Ich möchte nicht Gefühle in dir wecken, die ich nicht erwidern kann... so einseitige Sachen bringen nichts, nur Qual und Elend! Und du kannst ja auch nicht dauernd deine Gefühle unterdrücken und darauf warten, daß bei mir vielleicht irgendwann mal was wächst. Das geht nicht. Das läßt dich permanent unzufrieden sein, was ich natürlich spüre, und deshalb stehe ich unter Druck! Unter den Bedingungen kann sich einfach nichts entwikkeln... Glaub' mir, ich mache es mir nicht leicht!... Das ganze geht mir total auf die Nerven... Ich weiß ja, wie das ist (traurig werdend), hab's ja selber an mir erlebt... (Seufzer). Aber Mitleid ist nun mal keine Basis für eine Beziehung... absolut nicht!! Deshalb ist es besser, wenn wir uns ab sofort nicht mehr sehen. Es tut mir sonst zu weh!!«

Diese Geschichte ist zwar ebenso gängig wie abgedroschen, wird aber trotzdem immer wieder gerne akzeptiert, weil es dem Ego des Opfers ermöglicht, die Katastrophe nicht ursächlich auf sich zu beziehen. Die Schuld liegt (aus-)schließlich in deiner Vergangenheit. Ein faires Agreement.

Welche Ausreden du dir auch immer einfallen läßt, vollziehe die Trennung sofort und absolut (nicht nur, weil du schon morgen mit der Neuen verabredet bist!). Der Abbruch auf Raten bringt's grundsätzlich nicht. Und versuche ja nicht, sie durch dein zunehmend ruppiges Verhalten dazu bringen zu wollen, von selber Schluß zu machen. So was kann sich endlos hinziehen, denn Frauen sind unheimlich zäh und leidensfähig. Zudem kostet es enorme psychische Anstrengungen, und du ruinierst auch noch deinen Ruf. Besser kurz und schmerzreich, aber dafür behält sie dich so in Erinnerung, wie sie dich geliebt hat. Auf diese Weise verdirbst du dir auch nicht die Chance für später, wenn du mal wieder auf alte Affären zurückgreifen willst.

Nachwort

Der abschließende Hinweis, daß sämtliche Tricks (oder zumindest fast alle) im umgekehrten Sinn auch von Frauen erfolgreich anzuwenden sind, erübrigt sich nahezu. Das wird jede(r) beim eingehenden Studium dieses Handbuches selber schon bemerkt haben. Die Quintessenz kann nur lauten:

Männliche und weibliche Chauvis der alternativen Art, vereinigt euch!

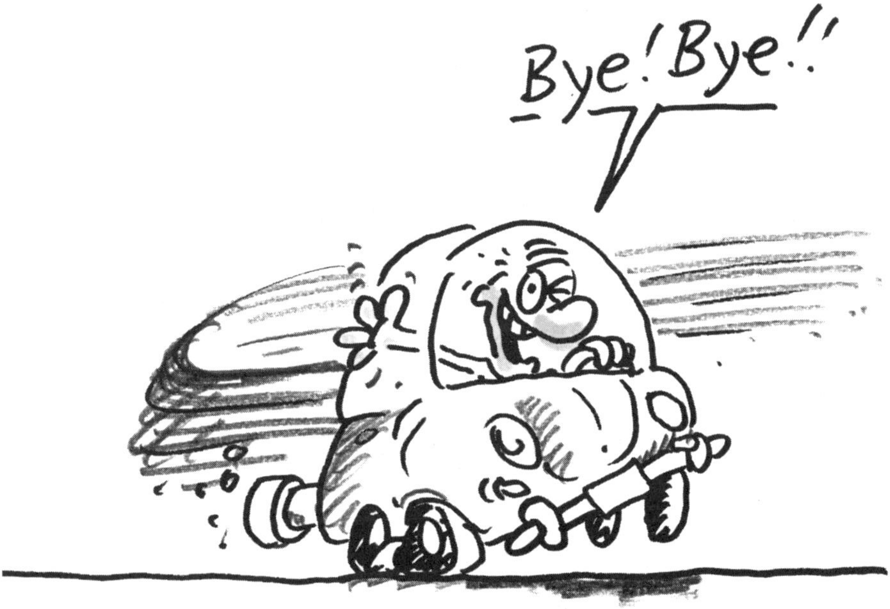
Bye! Bye!!